www.ingramcontent.com/pod-product-compliance
Lightning Source LLC
Chambersburg PA
CBHW051322220526
45468CB00004B/1458
* 9 7 8 1 7 2 3 0 2 7 0 6 2 *